SOPHOKLES

PHILOKTET

TRAGÖDIE

ÜBERSETZT
UND MIT EINEM NACHWORT VERSEHEN VON
WILHELM KUCHENMÜLLER

PHILIPP RECLAM JUN. STUTTGART

Universal-Bibliothek Nr. 709

Gesamtherstellung: Reclam, Ditzingen. Printed in Germany 2002

ISBN 3-15-000709-7

www.reclam.de

PERSONEN

PHILOKTET

ODYSSEUS

NEOPTOLEMOS

EIN KAUFMANN

HERAKLES

DER CHOR, *Seeleute des Neoptolemos*

Felsenküste der Insel Lemnos,
oben zwei Höhleneingänge

Die Verszahlen entsprechen dem griechischen Originaltext.

Odysseus und Neoptolemos

ODYSSEUS

Dies ist der Strand des meerumströmten Lemnos,
Von Menschen unbewohnt und unbesucht.
Hier war es, Kind des tapfersten Hellenen,
Sohn des Achilleus, Neoptolemos,
Wo ich einst Philoktet, des Poias Sohn,
Aussetzte auf Befehl der Herrschenden,
Weil ihm am Fuß die Eiterwunde fraß.
Sein Stöhnen, Jammern füllte rings das Lager
Mit wüstem Mißklang Tag für Tag: Wir konnten
Kein Opfer ungestört noch heilige Spende
Begehen — doch wozu erzähl ich dies?
Für lange Reden ist hier nicht die Zeit,
Denn wenn er mich entdeckt, verschütte ich
Den ganzen klugen Plan, mit dem ich ihn
Alsbald will fangen.
Ja, nun ist's an dir,
Das Weitere zu besorgen: Schau dich um,
Wo eines Felsens Doppelmund sich öffnet,
Daß man im Winter an zwei Plätzen kann
Sich sonnen und im Sommer kühler Schlaf
Durch beide Pforten in die Höhle weht.
Links, dicht darunter, findst du eine Quelle
Zum Trinken — wenn sie noch am Leben ist.
Geh leise hin und melde, ob er noch
Am alten Platz sich aufhält oder nicht.
Dann wirst du von mir weitere Befehle
Bekommen, und wir gehn vereint ans Werk.

NEOPTOLEMOS

Odysseus, schnell ist, was du sagst, getan:
Mir scheint, ich seh die Höhle, die du meinst.

ODYSSEUS

Wo? Oben oder unten? Ich seh nichts.

NEOPTOLEMOS

Hier oben, und ein Pfad, doch alles still.

ODYSSEUS

Gib acht, ob er im Innern liegt und schläft!

NEOPTOLEMOS

Ich seh nur eine Wohnstatt, menschenleer.

ODYSSEUS

Kein Hausrat drinnen, der sie wohnlich macht?

NEOPTOLEMOS

Ein Haufen Laub, da lag ein Mensch darauf.

ODYSSEUS

Sonst nichts in der Behausung, alles leer?

NEOPTOLEMOS

Ein Becher, rohes Holz, kein Künstlerwerk,
Und hier noch ein Gerät zum Feuermachen.

ODYSSEUS

Es ist sein Reichtum, was du mir beschreibst.

NEOPTOLEMOS

O weh, o weh, da trocknen Lumpen noch,
Von Spuren einer bösen Wunde voll!

ODYSSEUS

Ganz sicher haust der Mann an diesem Ort
Und ist nicht weit von hier. Wie kann ein Mensch,
Der einen alten Schaden hat am Fuß,
Sich weit entfernen? Höchstens ging er aus
Nach Nahrung oder weiß ein Kraut, das stillt
Den Schmerz. Drum schicke diesen Mann zum Spähn,
Daß er nicht unversehns mich überfällt,
Denn lieber fängt er mich als alle Griechen.

NEOPTOLEMOS

Schon geht er, und der Steig ist nun bewacht,
Du aber sprich, wenn du noch mehr begehrst.

ODYSSEUS

Sohn des Achilleus, was dich hergeführt,
Heischt einen ganzen Mann — nicht nur im Schlagen:
Du mußt auch, wenn ich Ungewohntes fordre,
Mir beistehn, denn als Helfer bist du hier.

NEOPTOLEMOS

Was willst du denn von mir?

ODYSSEUS

Den Philoktet
Mußt du mit schlauen Worten überlisten.
Wenn er dich fragt, wer und woher du bist,
Sag, des Achilleus Sohn — das hehle nicht.
Du segelst heim, erzählst du, hast die Griechen
Verlassen mit dem größten Groll auf sie:
Erst haben sie durch Bitten aus der Heimat
Dich hergeholt, weil sie nicht ohne dich
Troia erobern konnten. Als du kamst
Und batest um die Waffen des Achilleus,
Da weigerten sie dir dein gutes Recht
Und gaben sie Odysseus — sag von mir
Die schlimmste Schlechtigkeit, soviel du magst,
Das kränkt mich nicht. Versagst du dich jedoch,
Bringst du das Griechenheer in größte Not.
Denn wird der Bogen Philoktets nicht unser,
Zerstörst du nie das Reich des Dardanos.

Nun mach dir klar, daß du ganz ungefährdet
Dem Mann begegnen kannst, ich keinesfalls:
Du fuhrst nicht mit der ersten Fahrt, warst nicht
Durch einen Eid verpflichtet, nicht gezwungen,
Ich aber kann das alles nicht verleugnen.
Erblickt er, seines Bogens Herr, mich hier,
Bin ich verloren und verderb auch dich.
Drum hilft dir nichts als eine gute List,
Die unbesiegte Wehr ihm zu entwenden.

Wohl weiß ich, du bist nicht geartet, Kind,
Zu falscher Rede Kunst. Bezwinge dich,
Denn köstlich ist der Sieg, den du gewinnst.

Dann gehn wir wieder den geraden Weg.
Gib dich mir jetzt nur eine kurze Stunde
Und laß die Scham. Danach sollst du für immer
Der ehrlichste von allen Menschen heißen.

NEOPTOLEMOS

Sohn des Laertes, was mich schon verletzt
Zu hören, widersteht mir auch zu tun.
Ich tauge nicht zu einem Schelmenstreich,
So war auch, sagt man, meines Vaters Art.
Ja, mit Gewalt bin ich bereit, den Mann
Hinwegzuführen, ohne List — wie zwingt
Er unsre Überzahl mit *einem* Fuß?
Wohl als dein Helfer kam ich her — Verräter
Will ich nicht heißen. Lieber ehrenhaft
Das Ziel verfehlen als mit Schande siegen.

ODYSSEUS

O Sohn des edlen Vaters! In der Jugend
War auch bei mir die Zunge träg und rasch
Die Faust. Erfahrung hat mich widerlegt:
Das Wort und nicht die Tat regiert die Welt.

NEOPTOLEMOS

Was willst du sonst, als daß ich lügen soll?

ODYSSEUS

Daß du den Philoktet gewinnst mit List.

NEOPTOLEMOS

Warum mit List und nicht mit gutem Wort?

ODYSSEUS

Das hilft bei ihm so wenig wie Gewalt.

NEOPTOLEMOS

Trotzt er so furchtbar denn auf seine Kraft?

ODYSSEUS

Unfehlbar trifft und tötet sein Geschoß.

NEOPTOLEMOS

So kommt ihm auch die Tapferkeit nicht bei?

ODYSSEUS

Mit List nur faßt man ihn, ich sag es dir.

NEOPTOLEMOS

Hältst du nicht stets für schändlich, wenn man lügt?

ODYSSEUS

Nicht, wenn das Lügen uns die Rettung bringt.

NEOPTOLEMOS

Wie wag ich es und sag's ihm ins Gesicht?

ODYSSEUS

Willst du gewinnen, so bedenk dich nicht.

NEOPTOLEMOS

Hab ich Gewinn, wenn er nach Troja kommt?

ODYSSEUS

Sein Bogen nur bringt Ilion zu Fall.

NEOPTOLEMOS

Ich also bin es nicht, wie ihr gesagt?

ODYSSEUS

Du nur mit ihm und er nicht ohne dich.

NEOPTOLEMOS

Nun, wenn es so steht, muß ich ihn erjagen.

ODYSSEUS

Zweifacher Lohn wird dir für deine Tat.

NEOPTOLEMOS

Sprich, welcher? Und ich weigre mich nicht mehr.

ODYSSEUS

Der Ruhm der Klugheit und des Muts zugleich.

NEOPTOLEMOS

Es sei! Ich tu's, befreit von aller Scham.

ODYSSEUS

Und was du sagen mußt, entsinnst du dich?

NEOPTOLEMOS

Hast du einmal mein Jawort, zähl auf mich!

ODYSSEUS

So bleibe du und warte hier auf ihn,
Ich gehe weg, bevor er mich erblickt,
Und nehme unsern Späher mit zum Schiff.
Doch wenn mir scheint, ihr säumet allzu lang,
Dann send' ich diesen Mann dir nochmals her,
Verkleidet als ein Kaufmann, ganz unkenntlich.
Berichtet er nun bunte Mär, mein Sohn,
So höre dir heraus, was nützlich ist.
Ich leg's in deine Hand und geh zum Schiff.
Hermes, der Listenreiche, führe uns
Und die mich stets beschützt, Athena Nike!
(Odysseus geht ab mit dem Späher.)

Neoptolemos — Der Chor

CHOR

Was muß ich hehlen, fremd in der Fremde,
Was sage ich dem argwöhnischen Mann?
Herr, weise es mir! Klüger als andre
Macht den Herrscher das Szepter des Zeus.
Auf dich, o Kind, kam all die altheilige Kraft,
So sage mir denn: Wie soll ich dir helfen?

NEOPTOLEMOS

Willst du sein Lager da oben sehen,
Noch kannst du's, schaue nur ohne Scheu.
Doch kehrt er zurück, der gefährliche Wandrer,
Dann lasse sein Obdach, sei mir zur Hand
Und gewärtig jeglichen Dienstes.

CHOR

Herr, was du heischest, ist lange schon
Meines Herzens Wunsch:
Dies Auge hütet vor allem dein Heil.
Drum zeige mir nun den Ort, wo er wohnt,
Und den Platz, wo er weilt.

Das muß ich erfahren, es ist an der Zeit,
Sonst überfällt er uns unbemerkt.
Wohin lenkt er den Schritt, wo lagert er sich,
Im Innern oder im Freien?

NEOPTOLEMOS

Hier siehst du sein Haus mit dem Doppeltor,
Im Felsenschoß.

CHOR

Und er selbst, der Geplagte,
Wo ging er hin?

NEOPTOLEMOS

Mich dünkt, er schleppt sich auf jenem Pfad
In des Hungers Not und weilt nicht weit,
Denn er fristet sein Leben, so sagen sie,
Auf Tiere schießend den fliegenden Pfeil
Mit erbärmlicher Müh,
Kein Erlöser naht seinen Leiden.

CHOR

Ach, wie jammert er mich,
Keiner erbarmt sich sein,
Kein Freundesauge sieht auf ihn!
Immer einsam quält sich der Arme
In seiner Leiden wilder Qual,
Verzweifeln muß er in all der Not —
Wie hält der Geplagte stand?
Jammervolle Geschlechter der Menschen,
Schlägt euch zu schwer die Hand der Götter!

Er, aus edelstem Adel,
Keinem steht er nach, und nun
Haust er ohne des Lebens Gaben,
Fern von Menschen verlassen,
Mit gefleckten und zottigem Wild.
Schmerz und Hunger zumal
Nagen an ihm zum Erbarmen
Und nimmer heilende Sorge.
Nur die geschwätzige Echo hallt ihm
Weither wider den bittern Jammer.

NEOPTOLEMOS

Ein Wunder ist dies alles mir nicht,
Denn Götterschluß — begreif' ich es recht,
War damals schon, daß Chryses Zorn
Ins Leid ihn stürzte. Und quält er sich jetzt,
Der Helfer beraubt,
Glaub' mir, ein Gott hat es also gefügt,
Daß er nicht zu früh auf Ilion schießt
Den unwiderstehlichen göttlichen Pfeil,
Eh' die Zeit sich erfüllt,
Da die Stadt durch den Bogen muß fallen.

CHOR

Stille, mein Sohn!

NEOPTOLEMOS

Was ist?

CHOR

Ein Geräusch
Drang her — war es hier oder war es von dort? —
Wie wenn einer sich quält.
Ja! Deutlich hör ich, wie einer mit Not
Sich den Pfad herschleppt, ich täusche mich nicht,
So jammert nur ein geplagter Mann.
Nun gilt es, mein Sohn —

NEOPTOLEMOS

Was meinst du?

CHOR

Neuen Entschluß:
Der Mann ist nah, sein Weh hallt nicht
Wie weidender Hirten Flötengetön.
Stieß strauchelnd er an? Oder sah er vielleicht
Das gelandete Schiff am öden Strand?
Furchtbar ruft er!

Philoktet kommt von oben.

PHILOKTET

Ha, Gäste!

Wer seid ihr? Wie gerietet ihr hierher,
Wo keiner wohnt und keiner landen mag?
Wie nenn ich eure Heimat, euern Stamm? —
Errat ich's wohl? Gekleidet seh ich euch
Nach der Hellenen Weise, die ich liebe
Wie keine sonst. Laßt mich die Sprache hören! —
Was zaudert ihr? Erschrecket ihr vor mir?
Habt keine Angst, weil ich verwildert bin!
Erbarmt euch mein — ich bin ein Unglücksmann,
Verbannt ins Elend, ohne Freund, geschändet, —
O sprecht, wenn ihr zum Guten seid gekommen,
Und gebt mir Antwort, denn das dürfet ihr
So wenig mir verweigern wie ich euch.

NEOPTOLEMOS

Nun, Fremdling, wisse das zuerst: Wir sind
Hellenen — dies verlangt dich doch zu hören.

PHILOKTET

O lieber Laut! Ach, nur begrüßt zu werden
Von einem Landsmann nach so langer Zeit!
Mein Kind, welch Unternehmen trieb dich her?
Was für ein Plan? Was für ein holder Wind?
Erzähl mir alles, daß ich wisse, wer du bist!

NEOPTOLEMOS

Ich stamme von dem meerumströmten Skyros
Und fahre heim. Neoptolemos heiße ich,
Sohn des Achilleus. Alles weißt du nun.

PHILOKTET

O liebsten Vaters, liebsten Landes Kind,
Dich zog der greise Lykomedes auf,
Woher führt dich die Fahrt zu diesem Land?

NEOPTOLEMOS

Von Troia trägt mein Schiff mich eben her.

PHILOKTET

Was sagst du? Warst du doch am Anfang nicht
Bei unserer Flotte, die gen Troia fuhr!

NEOPTOLEMOS

Auch du nahmst teil an dieses Krieges Not?

PHILOKTET

Mein Kind, weißt du denn nicht, wer vor dir steht?

NEOPTOLEMOS

Wie kenn ich einen, den ich nie gesehn!

PHILOKTET

Auch nicht von meinem Namen hörtest du,
Noch von dem Unglück, das mich niederschlug?

NEOPTOLEMOS

Von allem, was du fragst, erfuhr ich nichts.

PHILOKTET

O ich verworfner, gottverhaßter Mann,
Wenn nicht einmal der Ruf von meinem Schicksal
Nach Hause oder irgendwo nach Hellas
Gelangte! Nein, die so gewissenlos
Mich ausgesetzt, hohnlachen mein im Stillen,
Mein Leiden aber wuchert üppig fort!
Kind, des Achilleus Sohn, ich bin der Mann,
Von dem du wohl vernahmst, daß er die Waffen
Des Herakles besitzt, bin Philoktet,
Des Poias Sohn, den einst die beiden Feldherrn
Und der Piratenfürst in Schmach und Elend
Ausstießen, weil an ihm die Wunde fraß
Von einer Natter mörderischem Biß.
Mit diesem Leiden setzten sie mich aus,
Allein, mein Kind, als sie von Chryse kommend
Hier landeten. Mit Freuden sahen sie
Mich eingeschläfert von dem dauernden
Geschaukel und ließen mich in einer Höhle
Am Strande liegen — ein paar Lumpen warfen
Sie dem verlornen Mann und wenige Brocken
Zum Essen hin — so treff' es sie einmal!
Was meinst du, Kind, wie mein Erwachen war,
Als sie das Weite gesucht! Wie bitter ich
Mein Los bejammerte, als meine Schiffe

Alle verschwunden waren, die ich hergeführt,
Und rings nicht einer, der mir helfen konnte,
Dem Leidenden die Schmerzen lindern konnte.
Wohin ich schaute, fand ich nichts als Plage,
Doch davon großen Überfluß, mein Kind.

Die Zeit verging, auch meine Zeit. Ich mußte
In diesem dürftigen Haus mein Sklave sein.
Wohl schaffte mir mein Bogen karge Kost
Und schoß die flüchtigen Tauben, doch zu allem,
Was meine Pfeile trafen, mußt' ich mich
Hinschleppen, nach mir schleifend meinen Fuß.
Mußt' ich zu trinken holen oder Brennholz
Zerbrechen, in Eis und Schnee, am Wintertag,
Das bracht' ich immer nur mit jämmerlichem
Hinkriechen fertig. Doch nun war kein Feuer,
Und mühsam rieb ich Stein an Stein, bis ich
Das winzige Licht entfachte; das erhält
Mich immer noch. Mit Feuer bietet ja
Ein Obdach alles, nur die Heilung nicht.

Nun höre von der Insel noch, mein Junge:
Freiwillig steuert sie kein Schiffer an,
Kein Hafen lockt und kein Geschäftsgewinn
Den Kaufmann, keiner nimmt ihn gastlich auf:
Hierher fährt niemand, der bei Sinnen ist.
Doch in den langen Zeiten eines Lebens
Gerät wohl auch einmal ein Mensch hierher.
Wenn solche kommen, o mein Kind, die nehmen
Mit Worten Anteil, spenden mir wohl auch
Mitleidig etwas Speise oder Kleidung.
Nur eins will keiner, mag ich noch so bitten:
Mich retten in die Heimat. Hier verkomm ich
In Not und Hunger, unersättlich zehrt
An mir die Wunde, nun das zehnte Jahr!
Das haben die Atriden und Odysseus
An mir getan — o möchten sie die Götter
Einmal für meine Leiden büßen lassen!

CHOR

Mir geht es wie den Fremden, die hier landen,
Auch ich muß dich bedauern, Philoktet.

NEOPTOLEMOS

Und ich bin Zeuge, daß du wahre Worte
Von den Atriden sprachst und von Odysseus,
Auch ich erlebte ihre Schlechtigkeit —

PHILOKTET

Auch du littst Unrecht von den Allverderbern,
Den Atreussöhnen, und du hassest sie?

NEOPTOLEMOS

Wenn meine Hand doch stillte meinen Haß,
Dann würde Sparta und Mykene merken:
Auch Skyros ist die Mutter tapfrer Männer!

PHILOKTET

Gut so, mein Junge! Was taten sie dir an,
Daß du mit solchem Ingrimm fuhrst hierher?

NEOPTOLEMOS

Wird's mir auch schwer, dir sag ich's, Philoktet,
Wie sie sofort mich kränkten, als ich kam.
Denn als das Todeslos Achilleus traf —

PHILOKTET

Weh! Sprich nicht weiter, bis ich das erfuhr:
Des Peleus Sohn ist tot!

NEOPTOLEMOS

Er ist gefallen,
Durch eines Gottes, keines Menschen Hand,
Des Phoibos Pfeil bezwang ihn, sagen sie.

PHILOKTET

So fiel der Göttliche durch Götterkraft!
Ich weiß nicht, ob ich erst dein Schicksal soll
Erkunden oder seinen Tod beklagen.

NEOPTOLEMOS

Beklag nicht deiner Freunde Los, du Armer,
Du trägst an deinem eignen schwer genug.

PHILOKTET

Da sprichst du wahr. Wohlan, bericht' mir weiter,
Was dir geschehn, wie sie an dir gefrevelt.

NEOPTOLEMOS
Auf schmuckem Schiffe kam der Held Odysseus
Und meines Vaters Pfleger, mich zu holen.
Sie sagten — war's nun Wahrheit oder Trug —,
Nach meines Vaters Tod sei's Götterschluß,
Daß keiner Ilion stürze außer mir.
Als ich das hörte, Fremdling, säumte ich
Nicht lange mit der Fahrt, am meisten wohl,
Weil ich den toten Vater sehen wollte,
Eh' er begraben ward — ich hatte ihn
Ja nie gesehn. Auch dünkte es mich herrlich,
Wenn ich auszöge, Troia zu erobern.
Zwei Tage segelt' ich mit gutem Wind
Und landete beim traurigen Sigeion.

Doch kaum an Land, umringten alle mich
Zum Gruß. Sie schwuren, der gefallene
Achilleus sei zum Leben auferstanden,
Doch er war tot, und ich beweinte ihn.
Dann sucht' ich die Atriden auf — ich hielt
Für Freunde sie — und forderte die Waffen
Des Vaters und sein ganzes Eigentum.
Ha, freches Wort, das ich bekam zu hören:
„Sohn des Achilleus, über deines Vaters Wehr
Gebietet künftig des Laertes Sohn.
Das übrige, das kannst du an dich nehmen."

Ich brach in Tränen aus vor Schmerz und Zorn,
Sprang auf und rief empört: Ihr Schändlichen,
Ihr wagtet, meine Waffen einem andern
Als mir zu geben, ohne mich zu hören!
Da sprach Odysseus, er stand neben mir:
„Ja, ich bekam sie, und mit Recht, mein Kind,
Denn ich hab ihn und seine Wehr geborgen."
Von Wut ergriffen schleudre ich auf ihn
Jegliche Schmähung, nichts blieb ungesagt,
Weil er mir meine Waffen rauben wollte.
Das kränkte ihn zu tief, so schwer er sonst
Zu reizen war, und das erwidert er:
„Wärst du bei uns gewesen, statt daheim!
Und weil du jetzt noch freche Reden führst,

Kehrst du mit diesen Waffen nie zurück."
Derart gemein verhöhnt fahr' ich nach Hause,
Von einem niederträchtigen Sklavensproß
Des Meinigen beraubt. Und nicht Odysseus
Klag' ich so sehr als die Atriden an.
Denn jeder Staat ist seiner Führer Werk
Und jedes Heer: Zuchtlosen Menschen wird
Das Beispiel ihrer Meister zum Verderben.
Mehr sag ich nicht. Wer die Atriden haßt,
Der sei den Himmlischen so lieb als mir.

CHORLIED

Göttin der Berge, Allerhalterin,
Gaia, Mutter des höchsten Zeus!
Am Paktolos, am großen, goldenen, wohnst du,
Selige, lenkst der Stiere Töter, die Löwen.
Dort schon rief ich zu dir, erhabene Mutter,
Als meinen Herrn die Atriden höhnten
Und seines Vaters Waffen vergaben,
Herrlichsten Hort, dem Laertessohn.

PHILOKTET

Mit allen Zeichen der Erbitterung
Seid ihr zu mir gekommen, meine Freunde.
Ja, wir sind *eine* Stimme: Solche Werke
Verraten Atreus' Söhne und Odysseus.
Zu gut erfuhr ich es, daß seine Zunge
Vor keinem Frevel, keinem Trug sich scheut,
Und niemals führt sein Tun zu etwas Rechtem.
Mich wundert nur, wie das der große Aias
Mitangesehen und ertragen hat.

NEOPTOLEMOS

Der lebte nicht mehr, Freund; nie hätten sie
Mich so beraubt, wenn er zugegen war.

PHILOKTET

Was sagtest du? Auch dieser ist dahin?

NEOPTOLEMOS

Er sieht die Sonne nicht mehr, glaub es mir.

PHILOKTET

O Jammer! Doch des Tydeus Sproß und jener,
Den Sisyphos dem Laertes unterschob,
Die leben sicher, die den Tod verdient!

NEOPTOLEMOS

Verlaß dich drauf! Die stehen jetzt sogar
In hoher Blüte beim Achaierheer.

PHILOKTET

Sprich, ist der edle Greis am Leben noch,
Nestor, der Pylier, mein Freund? Er wehrte
Doch ihrem Treiben oft mit weisem Rat.

NEOPTOLEMOS

Ihn traf es schwer. Der Tod nahm ihm den Sohn
Antilochos. Es war sein Einziger.

PHILOKTET

O weh, da hast du wieder zwei genannt,
Von deren Tod ich nimmer wollte hören!
Ach, worauf richten wir die Blicke noch,
Wenn diese sterben und Odysseus nicht!
Er müßte tot sein und sie müßten leben!

NEOPTOLEMOS

Er ist ein schlauer Ringer, Philoktet,
Doch auch die Schlauheit kommt einmal zu Fall.

PHILOKTET

Was tat Patroklos? Sag mir's, bei den Göttern,
Er war doch deines Vaters liebster Freund!

NEOPTOLEMOS

Auch er war tot. Mit einem kurzen Wort
Erklär ich's dir: Der Krieg will keinen Schlechten
Zum Opfer haben, immer nur die Guten.

PHILOKTET

Du sagst die Wahrheit. Und drum frag ich auch
Nach dem Nichtswürdigen, wie es mit ihm steht,
Der so gescheit und zungenfertig war —

NEOPTOLEMOS

Von welchem andern sprichst du als Odysseus?

PHILOKTET

Den mein ich nicht. Da war noch ein Thersites,
Der immer wieder Reden hielt, wo keiner
Ihn hören wollte — ist der auch noch da?

NEOPTOLEMOS

Ich sah ihn nicht, ich hörte nur, er lebe.

PHILOKTET

Natürlich, denn das Schlechte kommt nicht um,
Zu sorglich hegen es die Himmlischen.
Ja, es vergnügt sie, den durchtriebnen Schelm
Dem Hades zu entreißen. Doch was edel
Und was gerecht ist, senden sie hinab.
Wie deut ich das? Soll ich die Götter loben?
Ich habe sie erforscht und fand sie schlecht.

NEOPTOLEMOS

Und ich nehm' mich von nun an wohl in acht
Und sehe Ilion und die Atriden
Nur noch von weitem an. Wo der Gemeine
Mehr als der Gute gilt und brave Männer
Zugrunde richtet, wo der Feige herrscht —
Mit solchen werd ich nimmer mich befreunden.
Nein, künftig soll das felsige Skyros mir
Genügen, meiner Heimat mich zu freun.
Und nun zu Schiff! Dir sag ich, Poias' Sohn,
Von Herzen Lebewohl. Die Götter mögen
Ersehnte Heilung senden deinem Leiden.
Wir aber eilen, denn sobald ein Gott
Den Fahrwind uns gewährt, geht es in See.

PHILOKTET

Mein Kind, nun geht ihr?

NEOPTOLEMOS

Ja, den rechten Wind
Muß man am Schiff erwarten, nicht von ferne.

PHILOKTET

Bei deinem Vater und bei deiner Mutter,
Bei allem, was du liebst zu Hause, Kind,
Beschwör' ich dich: Laß mich nicht hier allein!
Du hast es ja gehört und siehst mit Augen,
In welchem Elend ich hier hausen muß.
Leg' mich zur Beifracht! Unbequem, ich weiß,
Ist diese Ladung. Trotzdem nimm's auf dich!
Dem Edlen ist das Schimpfliche verhaßt,
Das Gute ehrenvoll. Mein Kind, gibst du mich preis,
Wird dir kein schöner Ruhm, doch höchste Ehre,
Komm' ich zum Öta heim, ins Vaterland.
Sieh, keines Tages Mühe kostet's dich,
Faß dir ein Herz, verstau' mich, wo du magst,
Im Kielraum, vorne, hinten, wo die andern
Durch mich am wenigsten belästigt werden.
Sag' ja, mein Kind! Beim Zeus der Notbedrängten,
Erhöre mich, kniefällig bitt' ich dich,
Wenn auch mein armer Fuß nicht knien kann,
Laß mich nicht hier in dieser Einsamkeit,
Fern allen Menschen! Rette mich zu dir
Nach Hause oder an Euböas Strand,
Von dort zum Öta hab ich kurze Fahrt
Und zum Spercheios und zum Trachisfelsen.
Bring meinem lieben Vater mich zurück!
Wie lang schon hab' ich Sorge, daß ihn mir
Der Tod entreißt. Denn oft schickt' ich durch Männer,
Die hier gelandet, flehentliche Bitten
An ihn, auf eignem Schiff mich heimzuholen.
Entweder starb er, oder jene machten
Sich ganz natürlich nichts aus meiner Not
Und fuhren schleunigst heim — nach Sklavenart.

Nun fand ich dich. Sei du Geleitsmann mir
Und Bote! Rette mich! Erbarm' dich mein!
Bedenk: Gefahr umdroht den Menschen stets,
Am guten Tag nicht minder als am schlimmen.
Wer frei von Leiden ist, sei auf der Wacht,
Daß ihm nicht ungeahnt zerfällt sein Glück.

CHORLIED

Hab Erbarmen, o Herr!
Kampf ohn' Ende bestand er
Mit unerträglichen Leiden.
Keinen treffe, den ich liebe, solch ein Los!
Hassest du die tückischen Atriden,
So laß ihm zum Heil mich wenden,
Was sie frevelnd dir getan.
Laß mich ihn, wohin er trachtet,
Heim auf schnellem Schiff geleiten,
Daß der Götter Strafe uns verschont!

NEOPTOLEMOS

Jetzt bist du schnell bereit. Hast du sein Leiden
Genügend aus der Nähe miterlebt,
Gib acht, daß du nicht anders sprichst als jetzt!

CHOR

Gewiß nicht! Das soll nimmermehr geschehen,
Daß du mit Recht mir diesen Vorwurf machst.

NEOPTOLEMOS

So müßte ich mich vor dem Fremdling schämen,
Wär' ich im Helfen lässiger als du.
Ihr wollt's, gut, fahren wir! Schnell rüst' er sich,
Denn ohne Weigern nimmt mein Schiff ihn auf.
Wenn nur die Götter uns aus diesem Land
Geleiten bis an unsrer Wünsche Ziel!

PHILOKTET

O Tag der Freude! O du gütiger Mann!
Ihr lieben Schiffer! Wie beweise ich
Euch mit der Tat, daß ich euch liebgewann?
Komm, Kind, wir wollen gehn — doch erst begrüßen
Wir noch zum Abschied mein unwirtlich Haus,
Dann weißt du auch, wovon ich hier gelebt
Mit tapferm Herzen. Auch den Anblick nur
Ertrüge wohl kein andrer außer mir,
Mich hat der Zwang befreundet mit der Not.

CHOR

Wartet! Eh' ihr hineingeht, höret erst

Die beiden Männer, die da kommen, einer
Von unserm Schiff, den andern kenn ich nicht.

Der Kaufmann tritt auf.

KAUFMANN

Sohn des Achilleus, deinen Fahrtgenossen,
Der mit zwei andern Wache hielt am Schiff,
Bat ich um Auskunft, wo du seist. Ein Zufall,
Nicht meine Absicht war es, daß ich hier
Am gleichen Strand vor Anker lief wie du.
Ich bin ein Kaufmann, fahre von Ilion
Mit wenig Schiffen heim nach Peparethos,
Dem Land der Reben, und da ich vernahm,
Du seist der Herr von allen diesen Leuten,
Wollt' ich nicht weiterreisen, ehe ich
Dich sprach und den gerechten Lohn empfing.

Du weißt wohl gar nicht, wie es um dich steht,
Was die Argiver Neues gegen dich
Geplant, und nicht allein geplant, vielmehr
Sie setzen ungesäumt es schon ins Werk.

NEOPTOLEMOS

Der Dank für deine Sorge sei dir sicher,
Mein Freund, so wahr ich nicht unedel bin.
Doch sprich dich weiter aus, laß hören, was
Die Griechen Neues gegen mich beschlossen!

KAUFMANN

Zu Schiff sind unterwegs, dich zu verfolgen,
Der alte Phoinix und die Theseussöhne.

NEOPTOLEMOS

In Güte mich zu holen oder mit Gewalt?

KAUFMANN

Ich weiß nicht. Was ich hörte, meld ich dir.

NEOPTOLEMOS

Tun Phoinix denn und seine Fahrtgenossen
So eifrig den Atriden ihren Willen?

KAUFMANN

Ja, es ist schon im Gange, sag' ich dir.

NEOPTOLEMOS

Weshalb war nicht Odysseus selbst bereit
Zu dieser Sendung? Hielt ihn Angst zurück?

KAUFMANN

Der brach nach einem zweiten Manne auf
Mit Tydeus' Sohn — ich stach gerad' in See.

NEOPTOLEMOS

Nach welchem führe wohl Odysseus selbst?

KAUFMANN

Es ist — doch nenne erst mir diesen Mann,
Und was du sprichst, das sage leis!

NEOPTOLEMOS

Mein Freund,
Das ist der weitberühmte Philoktet.

KAUFMANN

Frag mich nicht mehr! Fahr weg, so rasch du kannst!

PHILOKTET

Was sagt er, Kind? Verschachert mich der Händler
Mit seinem Flüstern hinterrücks an dich?

NEOPTOLEMOS

Noch weiß ich selbst nicht, was er will. Er sage
Es frei vor mir und dir und diesen allen.

KAUFMANN

Sohn des Achilleus, meld' ich Unerlaubtes,
Verrat' mich nicht beim Heer! Als armer Mann
Verdien' ich oft bei ihm für gute Dienste.

NEOPTOLEMOS

Ich hasse die Atriden. Dieser ist
Mein bester Freund, weil er sie gleichfalls haßt.
Da du in guter Absicht zu mir kamst,
Darfst du uns nicht verhehlen, was du weißt.

KAUFMANN

Sei auf der Hut!

NEOPTOLEMOS

Ich hab mich längst bedacht.

KAUFMANN

Du trägst die Schuld!

NEOPTOLEMOS

Sprich nur, ich trage sie.

KAUFMANN

So sag ich's: Dieser ist's, nach dem die beiden,
Die ich dir nannte, ausgefahren sind,
Odysseus und des Tydeus Sohn. Sie schwuren,
Ihn mitzubringen, sei's durch Überredung,
Sei's mit Gewalt. Und sämtliche Achaier
Sind Zeugen, wie Odysseus dies gelobte —
Er war noch siegessicherer als der andre.

NEOPTOLEMOS

Was ist geschehen, daß sich die Atriden
Auf einmal so bekümmern um den Mann,
Den sie vor langen Jahren ausgestoßen?
Was wollen sie von ihm? War es der Zorn
Der mächtigen Götter, die das Unrecht strafen?

KAUFMANN

Ich will dir alles das genau berichten,
Denn schwerlich weißt du's schon: Ein Seher war's
Aus edlem Hause, Helenos, ein Sohn
Des Priamos, den fing des Nachts, allein
Auf Streife, der verschlagene Odysseus,
Von dem man nichts als Schändliches erzählt.
Gefesselt führt er seine schöne Beute
Im Kreis der Griechen vor. Der Seher sagt
Noch manches, doch vor allem dies voraus:
Nie würden sie die Troiaburg zerstören,
Wenn sie den Philoktet mit Überredung
Nicht von der Insel holten, die er jetzt
Bewohnt. Kaum hörte dieses Seherwort
Odysseus, da erbot er sich sogleich,

Den Mann herbeizuschaffen — er denke wohl,
Daß er ihn ohne Zwang bekommen werde,
Wenn er sich aber weigre, mit Gewalt.
Und jeder dürf' ihn töten, wenn's mißlänge.
Nun, Jüngling, weißt du alles. Eile rat ich
Dir selbst und jedem, der dir teuer ist.

PHILOKTET

O weh mir! Dieses Unheilswesen schwur,
Mich zu den Griechen hinzulocken! Eher
Kehr ich nach meinem Tod vom Hades wieder
Ans Licht wie einst sein Vater Sisyphos.

KAUFMANN

Mehr weiß ich nicht. Ich geh zum Schiff zurück
Und wünsche von den Göttern euch das Beste. *(Geht ab.)*

PHILOKTET

Ist das nicht schändlich, Kind? Odysseus hofft mich
Mit Trug aufs Schiff zu bringen und den Griechen
Zur Schau zu stellen. Niemals! Lieber hör ich
Auf das verhaßte Scheusal, jene Natter,
Die mich zum Krüppel biß. Doch dieser Mensch
Kann alles sagen, alles wagen, und
Er kommt gewiß hierher. Auf, Kind, wir fahren!
Ein Meer scheid uns von des Odysseus Schiff!
Komm! Wer sich eilt im rechten Augenblick,
Darf nach bestandner Mühe ruhig schlafen.

NEOPTOLEMOS

Jawohl, sobald es weht von Steuerbord,
Gehn wir in See — jetzt ist noch Gegenwind.

PHILOKTET

Wer Unheil flieht, hat immer gute Fahrt.

NEOPTOLEMOS

Wohl, doch auch jene hemmt jetzt schlechter Wind.

PHILOKTET

Seeräuber wissen nichts von schlechtem Wind,
Wenn es zu stehlen und zu rauben gibt.

NEOPTOLEMOS

So gehn wir, wenn du meinst, doch nimm von drinnen
Zu dir, was du am meisten nötig hast.

PHILOKTET

Wohl brauch ich etwas von dem wenigen —

NEOPTOLEMOS

Was ist es? Findst du's nicht auf meinem Schiff?

PHILOKTET

Ich hab ein Kraut, das schläfert meine Wunde
Mir meistens ein und stillt die Schmerzen ganz.

NEOPTOLEMOS

So hol es dir. Und was bedarfst du noch?

PHILOKTET

Wenn etwas liegen blieb von meinem Bogen,
Was keinem in die Hände fallen darf.

NEOPTOLEMOS

Ist das der vielgerühmte Bogen, den du hältst?

PHILOKTET

Ihn, keinen andern trag' ich in der Hand.

NEOPTOLEMOS

Und darf ich in der Nähe ihn beschauen,
Ihn fassen und wie einen Gott verehren?

PHILOKTET

Dir, Junge, übergeb ich ihn und alles,
Was dich an meiner Habe freuen mag.

NEOPTOLEMOS

Ich hab' Verlangen, ja — nur wenn ich darf,
Verlangt es mich, sonst unterlasse es!

PHILOKTET

Ehrfürchtig ist dein Wort. Ja, Kind, du darfst,
Denn du allein gabst mir das Licht der Sonne
Zurück, die Heimat, meinen alten Vater,

Die Freunde! Du hobst über meine Feinde mich,
Da ich am Boden lag. Drum darfst du ihn
Getrost ergreifen. Gibst du ihn dem Geber
Zurück, so rühm' dich, du allein auf Erden
Durftest ihn halten, weil du edel warst —
Auch mein ward er für eine Liebestat.

NEOPTOLEMOS

Wohl mir, daß ich dich sah und ward dein Freund,
Denn Bessres als den Freund erwarb ich nicht,
Der Gutes zu vergelten weiß mit Gutem.
Nun geh hinein.

PHILOKTET

Und du mit mir, mein Leiden
Braucht einen, der mir treu zur Seite steht.

(Beide ab.)

CHORLIED

Sage verkündet, ich sah es nicht,
Daß der allgewaltige Zeus
Band auf das kreisende Rad den Ixion,
Da er dem Lager der Hera nahte.
Aber keinen andern weiß ich vom Schicksal
Härter geschlagen als Philoktet.

Mit reinen Händen,
Gerechten, ein gerechter Mann,
Unschuldig erlag er dem Unheil.

Staunen erfaßt mich,
Wie er allein, umtost von Wogenbrandung,
Alle des Daseins Qualen
Zu tragen stark war.

Nur er selbst sein Freund,
Keines Schrittes mächtig,
Nirgends ein Nächster im Elend,
Dem er mit hallendem Rufen
Das böse Weh, das wühlende, klagte,
Der ihm stillte das heiße Blut,
Wenn's dem vertierten Fuß grausig entquoll,

Mit gütigen Kräutern
Der nährenden Erde.

Kriechend schleppt er sich bald da bald dorthin,
Wie ein kleines Kind ohne seine Mutter,
Ob nicht ein bequemrer Pfad sich fände,
Wenn einmal die herzzernagende
Qual von ihm abließ.
Nie genießt er heiliger Erde Frucht,
Nie was uns andere schaffende Menschen nährt.
Nur was vom Bogen geschnellt
Der geflügelte Pfeil erreicht,
Dem Hunger zu wehren.
O ein klägliches Leben!
Nie an des Weines Trunk
Hat er sich je gelabt
Zehn Jahre lang.
Spürte dürstend umher,
Wo eine Lache er wußte,
Das war immer sein Weg.

Aber nun wird er alles
Glücklich und groß vollenden,
Da er dem Edelgebornen begegnet,
Der ihn auf wogenfurchendem Kiel
In die Heimat geleitet
Zur Halle der Väter
Und zu den melischen Nymphen
Und des Spercheios Ufern,
Dort, wo der Held mit dem ehernen Schild
Ganz von göttlichem Feuer umloht
Stieg zu den Göttern empor
Über den Höhen des Öta.

Philoktet — Neoptolemos

NEOPTOLEMOS

Willst du nicht weiter? Was verstummst du denn
So grundlos? Warum bist du so verstört?

PHILOKTET

Ah! Ah!

NEOPTOLEMOS

Was ist dir?

PHILOKTET

Nichts Besondres. Geh nur weiter, Kind!

NEOPTOLEMOS

Regt sich dein Leiden wieder? Hast du Schmerzen?

PHILOKTET

Nein, nein! Schon wird mir besser, glaube ich —
Ah! Götter!

NEOPTOLEMOS

Du stöhnst und rufst die Götter an — warum?

PHILOKTET

Sie mögen hilfreich uns und gnädig nahn.
Ah! Ah!

NEOPTOLEMOS

Was fehlt dir? Sag es doch und bleibe nicht
So stumm! Ich sehe ja, wie es dich quält.

PHILOKTET

O Kind! Ich bin verloren! Länger kann ich nicht
Die Qual vor euch verhehlen, ah! Es bohrt,
Es bohrt! O Kind, ich bin verloren! Weh mir!
Das frißt und wühlt! *(Er jammert.)*
Ich unglückseliger Mann! Kind, bei den Göttern,
Hast du ein Schwert zur Hand, schlag zu, hier unten
Den Fuß! Schnell, hau ihn ab! Schon' nicht mein Leben!
O tu es, Kind!

NEOPTOLEMOS

Was hast du denn auf einmal,
Daß du so stöhnst und jammerst?

PHILOKTET

Kind, du weißt!

NEOPTOLEMOS

Was ist es?

PHILOKTET

Kind, du weißt!

NEOPTOLEMOS

Ich weiß es nicht!

Was hast du?

PHILOKTET

Ah! Du mußt es wissen! Ah! *(Er jammert.)*

NEOPTOLEMOS

Entsetzlich! Immer größer wird die Qual.

PHILOKTET

Ja, nicht zu sagen! Hab Erbarmen, Kind!

NEOPTOLEMOS

Was soll ich tun?

PHILOKTET

Gib mich nicht preis aus Angst!
Es kommt zu seiner Zeit und es vergeht,
Wenn seine Wut gesättigt ist.

NEOPTOLEMOS

Du Armer,
Mit all der Plage wahrhaft armer Mann!
Darf ich dich halten? Darf ich dich berühren?

PHILOKTET

Das ja nicht! Aber hier nimm meinen Bogen,
Du batst um ihn, bewahre mir ihn gut,
Bis meines Übels Anfall mich verläßt.
Wenn es sich ausgetobt, befällt mich Schlaf,
Und eher hört's nicht auf. Dann mußt du ruhig
Mich schlafen lassen. Kommen aber jene
Inzwischen — bei den Göttern beschwör ich dich,
Laß die nicht gern noch ungern noch durch List
Den Bogen nehmen, sonst verdirbst du dich
Und mich, der deinem Schutze sich befahl.

NEOPTOLEMOS

Trau' meiner Vorsicht! Außer dir und mir
Bekommt ihn niemand. Reich' ihn uns zum Heil!

PHILOKTET

Hier nimm ihn, Kind, doch bete zu dem Neid,

Daß er dir nicht zum Leidenbringer werde,
Wie mir geschah und seinem frühern Herrn.

NEOPTOLEMOS

Gewährt uns dies, o Götter! Und gewährt
Uns guten Wind zur Fahrt nach jener Küste,
Wohin uns euer Wille weist die Bahn.

PHILOKTET

Ich fürchte, Kind, dein Flehn bleibt unerfüllt,
Denn dunkel quillt schon wieder hier hervor
Der Blutstrom, neue Qualen warten mein. *(Er stöhnt.)*
Unseliger Fuß, o welche Marter schaffst du mir!
Da dringt's heran! *(Er klagt.)* Da packt's mich wieder! Ah!
Nun seht ihr alles! Weicht nur nicht von mir!
(Er jammert laut.) Mein Freund
Aus Ithaka, dir müßte dieser Schmerz
Das Herz durchbohren, und du Führerpaar,
Agamemnon, Menelaos, hättet ihr
Statt meiner diese Qual, so lang wie ich!
O Tod, Tod! Jeden Tag ruf ich nach dir!
Kommst du mir nie? Auf, edler Jüngling, pack mich,
Wirf mich dort in des Lemnosfeuers Schlund,
Verbrenne mich! Tu's, edles Herz! Auch ich
Tat für die Waffe einst in deiner Hand
Den gleichen Freundesdienst dem Sohn des Zeus.
Was sagst du, Kind? — Was sagst du? — Warum schweigst du?
Mein Junge, wo gerietst du hin?

NEOPTOLEMOS

Mich quält
Schon lang dein Leiden. Ich beklage dich.

PHILOKTET

O bleibe standhaft, Kind! So jäh mein Krampf
Mich überfällt, so rasch geht er vorbei.
Ich fleh' dich an, laß mich nicht hier allein!

NEOPTOLEMOS

Getrost, wir bleiben.

PHILOKTET
Bleibst du?

NEOPTOLEMOS
Ganz gewiß!

PHILOKTET
Dich schwören lassen, wäre Unrecht, Kind.

NEOPTOLEMOS
Da ich ja ohne dich nicht fahren darf.

PHILOKTET
Gib mir die Hand drauf!

NEOPTOLEMOS
Meine Hand, ich bleibe.

PHILOKTET
Nun aber dorthin, dorthin!

NEOPTOLEMOS
Wo?

PHILOKTET
Hinauf!

NEOPTOLEMOS
Du redest irre, schaust zum Himmel auf!

PHILOKTET
Laß, laß mich los!

NEOPTOLEMOS
Wohin?

PHILOKTET
Laß mich doch los!

NEOPTOLEMOS
Ich halte dich.

PHILOKTET
Ich sterbe, wenn du mich berührst!

NEOPTOLEMOS

So laß ich dich — du mußt es besser wissen.

PHILOKTET

O Erde, nimm mich auf, ich bin ja doch
Zum Tode wund und komme nicht mehr hoch.

(Er sinkt hin.)

NEOPTOLEMOS

Mir scheint, den Mann umfängt sogleich der Schlaf,
Seht nur, schon neigt er seinen Kopf zurück,
Am ganzen Leib bricht ihm der Schweiß hervor.
Doch aus dem Fuß, als riß die Ader, strömt
Das schwarze Blut. Kommt, Freunde, lassen wir
Ihn ungestört, daß er in Schlaf versinkt.

CHORLIED

Schlaf, der Schmerzen vergaß,
Schlaf, der Leiden nicht weiß,
Nahe mit sanftem Hauch,
Labe, labe ihn, Mächtiger!
Banne des Tages Glanz,
Der sein Auge umfängt,
Komm', o komme zu heilen! —

Mein Sohn, was beginnst du nun?
Erwäge es wohl!
Und was bleibt mir zu verrichten?
Sieh hin — was säumen wir zu handeln?
Alles entscheidet der Augenblick,
Und rasch ergriffen bringt er uns den Sieg.

NEOPTOLEMOS

Wohl hört er nichts. Ich aber sag' dir: Der Gewinn
Des Bogens wäre fruchtlos ohne seinen Herrn.
Sein ist der Kranz, nach ihm hat uns der Gott gesandt,
Der halben Tat uns rühmen, wäre Trug und Schmach.

CHOR

Leise, leise, mein Sohn! Kranke wachen im Schlaf
Und lauschen achtsam.
Bedenke im Stillen,

Was jetzt zu tun bleibt.
Meinst du noch immer zu handeln,
Wie es Odysseus wollte,
Begegnet dem Klugen,
Das sehe ich wohl,
Unwegsames Irrsal.

CHOR

Fahrwind, Fahrwind weht!
Hilflos liegt, ohne Augen, der Mann,
Vom Schlaf umnachtet
Kann er nicht Händen noch Füßen gebieten,
Wie im Schoße des Hades ruht er.
Schau nun, daß du das Rechte tust,
Eins erkenn ich, mein Sohn:
Am besten kommt, wer sicher geht, zum Ziel.

NEOPTOLEMOS

Schweig, rat' ich dir, und sei nicht unbesonnen:
Er schlägt die Augen auf. Er hebt den Kopf.

PHILOKTET

O Licht, des Schlafes Erbe, sei gegrüßt!
Und o der Fremden Wacht blieb über Hoffen
Mir treu! Nie glaubte ich, daß du's vermöchtest,
Mitleidend meinen Anfall auszudauern, Kind,
Und mir zu helfen. Freilich, die Atriden
Ertrugen's nicht, die hohen Heeresfürsten!
Doch du, mein Sohn, von Wehgeschrei bedrängt
Und übler Luft, nahmst es gelassen hin,
Denn du bist edler Art und edlen Stammes.
Jetzt aber, da ich wieder Ruhe habe
Von meiner Qual und sie vergessen kann,
Reich mir die Hand, mein Kind, hilf mir empor!
Wenn dann die Mattigkeit von mir gewichen,
Gehn wir zu Schiff und fahren ungesäumt.

NEOPTOLEMOS

Wie freut mich, daß du wieder frei von Schmerz
Zum Lichte schaust, ich glaubte es nicht mehr,
Denn wie ein Sterbender lagst du vor mir.
Doch nun erheb' dich, oder ist's dir lieber,

So tragen diese Männer dich — wenn du
Und ich es wünschen, schreckt die Müh' sie nicht.

PHILOKTET

Ich dank' dir, Junge. Hilf du mir beim Aufstehn,
Doch diese nicht, belästige sie nicht eher
Als nötig mit dem üblen Duft. An Bord
Wird meine Nähe schwer genug für sie.

NEOPTOLEMOS

So sei's. Steh auf und halte dich an mir!

PHILOKTET

Sorg nicht, ich komme hoch, ich bin's gewohnt.

NEOPTOLEMOS

Weh mir, und jetzt? Was werd' ich weiter tun?

PHILOKTET

Was hast du denn, mein Kind? Was sagtest du?

NEOPTOLEMOS

Ich weiß nicht Rat und finde nicht das Wort.

PHILOKTET

Was macht dich ratlos? Sprich nicht so, mein Junge!

NEOPTOLEMOS

Und doch geriet ich schon in diese Not!

PHILOKTET

Dich schreckt die Last mit meinem Leiden doch
Nicht ab, mich mitzunehmen auf dem Schiff?

NEOPTOLEMOS

Zur Last wird alles, wenn man seiner Art
Die Treue bricht und tut, was man nicht soll.

PHILOKTET

Nicht Wort noch Werk ist deinem Vater fremd,
Kommst du zu Hilfe einem rechten Mann.

NEOPTOLEMOS

Schlecht werd' ich heißen, das bedrückt mich längst.

PHILOKTET

Nicht durch dein Werk — dein Wort befremdet mich!

NEOPTOLEMOS

O Zeus, was tu ich? Sink' ich noch einmal
In Schande und betrüge wie ein Schelm?

PHILOKTET

Der Mann, das sagt mir mein gesunder Sinn,
Läßt mich im Stiche und fährt ohne mich.

NEOPTOLEMOS

Nicht ohne dich! Doch ob nicht mein Geleit
Noch mehr dich kränken wird, das macht mir Qual!

PHILOKTET

Was soll das heißen? Ich versteh' dich nicht!

NEOPTOLEMOS

Ich will dir alles sagen: Ja, du sollst
Mit uns nach Troia, zum Achaierheer —

PHILOKTET

Weh mir, was sagst du!

NEOPTOLEMOS

Klag' nicht, eh' du hörst!

PHILOKTET

Was soll ich hören? Was hast du mit mir vor?

NEOPTOLEMOS

Von deinem Leiden will ich dich erlösen
Und dann mit dir der Troer Reich verwüsten.

PHILOKTET

Hast du das wahrlich vor?

NEOPTOLEMOS

Notwendigkeit
Gebietet es, drum hör' es ohne Zorn.

PHILOKTET

Ich bin verloren! Bin verraten! Fremdling,
Was tatst du mir! Den Bogen gib mir gleich zurück!

NEOPTOLEMOS

Unmöglich! Ich gehorche meinen Führern,
Die Pflicht gebietet's mir und der Erfolg.

PHILOKTET

Du Feuerschlund! Du scheußliches Gebild
Aus List und Schurkerei! O wie betrogst
Du mich! Und ohne Scham schaust du mich an,
Der deinem Schutz befohlen war, du Unhold!
Mit meinem Bogen nimmst du mir mein Leben,
Kind, gib ihn, ich beschwör dich, gib mir ihn!
Raub mir mein Leben nicht, bei unsern Göttern! —
O weh, er spricht mich nicht einmal mehr an,
Zur Seite schaut er, gibt ihn niemals wieder!
Ihr Buchten und ihr Klippen! Meine Freunde,
Des Berges Tiere, Felsenklüfte, euch,
Den langvertrauten Nachbarn klag ich es,
Sonst hab ich niemand, dem ich's klagen kann,
Was des Achilleus Sohn mir tat. Er schwur,
Mich heimzubringen, und führt nach Troia mich!
Er bricht sein Wort und gibt den heiligen Bogen
Des Herakles mir nicht zurück! Den Griechen
Will er zur Schau mich stellen, schleppt mich weg,
Als wäre ich ein Mann in voller Kraft,
Und merkt nicht, daß er einen Toten tötet,
Ein leeres Schemen, eines Rauches Schatten!
Nie zwäng er mich, wenn ich bei Kräften wäre,
Nicht einmal wie ich jetzt bin — nur durch List!
Elend betrogen! Weh, was soll ich tun?

Gib mir ihn wieder! Ja, Kind, kehre jetzt noch
In dich zurück! — So rede doch! — Du schweigst?
O ich bin nichts mehr, ein Verlorener!
Du doppeltoriger Fels, so komm ich wieder
Zu dir, beraubt und aller Nahrung bar.
Einsam werd ich in dieser Schlucht verschmachten,
Kein Wild der Berge, keinen flüchtigen Vogel

Werd ich mit meinem Bogen mehr erlegen.
Die meine Nahrung waren, muß ich selbst
Mit meiner Leiche nähren, und die ich
Vordem gejagt, die machen Jagd auf mich,
Mord gegen Mord. Nun rächt sie der an mir,
Dem ich nichts Schlechtes zugetraut — verdirb!
Nein, noch nicht, eh' ich weiß, ob sich dein Sinn
Bekehren wird, sonst treff' dich Schmach und Tod!

CHOR

Was tun wir, Herr? Es liegt in deiner Hand,
Ob wir nun fahren oder auf ihn hören.

NEOPTOLEMOS

Mich hat ein mächtig Mitleid überkommen
Mit diesem Mann, schon lange, nicht erst jetzt.

PHILOKTET

Kind! Hab Erbarmen, bei den Göttern! Nimm
Den Schimpf nicht auf dich, daß du mich betrogst!

NEOPTOLEMOS

Weh! Was beginn ich? Hätt' ich Skyros nie
Verlassen, so bedrückt das alles mich!

PHILOKTET

Du bist nicht falsch. Ich seh's, du warst verführt
Von Falschen. Denen laß, was für sie paßt,
Gib meine Waffe mir und fahre weg!

NEOPTOLEMOS

Was tun, ihr Männer?

(Er nähert sich Philoktet. Odysseus erscheint.)

ODYSSEUS

Schändlicher, was machst du?
Gleich komm zurück! Gib diesen Bogen mir!

PHILOKTET

Weh mir! Wer ist das? Des Odysseus Stimme!

ODYSSEUS

Jawohl, Odysseus, ich, der vor dir steht!

PHILOKTET

Ich bin verkauft! Verloren! Also der
Umgarnte mich und raubte mir die Waffen!

ODYSSEUS

Ich und kein andrer war's, ich geb es zu.

PHILOKTET

Gib mir, laß mir den Bogen, Kind!

ODYSSEUS

Niemals!
Selbst wenn er wollte, vielmehr gehst auch du
Mit uns, sonst wirst du mit Gewalt entführt!

PHILOKTET

Ha, Niederträchtiger! Frechster aller Frechen!
Ich mit Gewalt!

ODYSSEUS

Wenn du nicht willig gehst.

PHILOKTET

O Lemnoserde! Allgewaltige Lohe
Am Herde des Hephaistos! Duldet ihr's?
Der schleppt gewaltsam mich aus euerm Reich!

ODYSSEUS

Zeus, sollst du wissen, dieses Landes Herr,
Zeus hat es so gewollt. Ich führ' es aus.

PHILOKTET

Verworfner! Was erfindet deine Zunge!
Den Göttern schiebst du deine Lüge zu!

ODYSSEUS

Nein Wahrheit, und du mußt mit uns hinweg!

PHILOKTET

Ich sage nein!

ODYSSEUS

Ich sage ja, und du gehorchst.

PHILOKTET

Weh mir, nun weiß ich es: Mein Vater hat
Als Sklaven, nicht als Freien mich gezeugt.

ODYSSEUS

Vielmehr den Besten gleich, mit denen du
Troia bezwingen und zerstören sollst.

PHILOKTET

Nein, eher dulde ich das letzte Leid,
Solang mir dieser schroffe Abgrund bleibt!

ODYSSEUS

Was hast du vor?

PHILOKTET

Sofort von Fels zu Felsen
Herab zerschmettre blutig ich mein Haupt.

ODYSSEUS

Das darf er nicht! Ihr zwei, ergreifet ihn! *(Es geschieht.)*

PHILOKTET

O Hände, ohne die vertraute Sehne,
Was duldet ihr, ein Opfer dieses Menschen!
Du, der nichts Heiles und nichts Freies denkt,
Wie hast du wieder mich beschlichen, mich
Ins Netz gelockt, gedeckt durch diesen Jungen,
Den ich nicht kannte, ebenbürtig mir,
Für dich zu schad! Er wußte ja nichts andres
Als tun, was ihm befohlen. Und schon jetzt
Bereut er es, ich seh's ihm an, was er
Begangen hat und was ich dulden muß.
Du falsche Seele, die aus Winkeln späht,
Du hast sein kindlich widerstrebend Herz
Gut unterwiesen in der Falschheit Kunst!
Und jetzt willst du gefesselt mich entfernen
Von diesem Strand, wo du mich ausgesetzt,
Verlassen, heimatlos, im Leben tot.

Verdirb! Wie oft hab ich dir das erfleht,
Doch keine Freude gönnen mir die Götter.
Du bist des Daseins froh, mir ward die Pein,

Zu leben in der Leiden Überfluß,
Verlacht von dir und dem Atridenpaar,
Den Heeresfürsten, deren Knecht du bist.
Dabei zogst du betrogen und gezwungen
Mit ihnen, aber ich Unseliger,
Der eignen Willens fuhr mit sieben Schiffen,
Ich ward zum Dank verbannt — von ihnen, sagst du,
Von dir, so sagen sie. Und nun, weshalb
Ergreift ihr mich und schleppt mich fort? Wozu?
Ich bin ja nichts, bin lange tot für euch!
Warum bin ich dir jetzt, du Gottverhaßter,
Nicht lahm und übelriechend? Könnt ihr jetzt
In meiner Nähe Göttern Opfer zünden
Und Spenden weihn? Das war dein Vorwand doch,
Mich auszusetzen! Fluch treff' euch und Tod,
Und trifft euch, für den Frevel, den ich litt,
Wenn Götter Recht noch hüten, und ich weiß:
Sie hüten es. Denn niemals machtet ihr
Die Fahrt hierher nach dem verworfnen Mann.
[Wenn euch der Götter Sporn nicht zu mir trieb.]

O Heimaterde, Götter, ihr schaut alles:
Straft, straft sie allesamt, und wär's auch spät,
Wenn ihr noch ein Erbarmen mit mir habt!
Erbärmlich lebe ich, doch weiß ich sie
Vernichtet, fühl' ich mich gesund und heil.

CHOR

Ein böses Wort sprach der erboste Mann,
Odysseus, diesen beugt das Unglück nicht.

ODYSSEUS

Viel könnt' ich ihm erwidern, wenn die Stunde
Nicht drängte. Hier genügt ein einzig Wort:
Ja, wo es nötig ist, da bin ich so.
Wo sich der Edle mit dem Edlen mißt,
Da weich' ich keinem an Wahrhaftigkeit.
Sonst freilich drängt's mich überall zu siegen,
Nur nicht bei dir, gern räum' ich dir das Feld.

Laßt ihn nur los und rührt ihn nicht mehr an!

Bleib ruhig hier! Da wir den Bogen haben,
Braucht's deiner nicht, wir haben Teukros ja,
Den Meisterschützen, und auch ich kann wohl
So gut wie du ihn richten und regieren.
Du bist nicht nötig. Lebe wohl auf Lemnos!
Wir aber gehn. Bald bringt dein Waffenschmuck
Die Ehren mir, die dir beschieden waren.

PHILOKTET

O weh mir, was beginn' ich? Du wirst prunken
Mit meinen Waffen im Achaierheer!

ODYSSEUS

Sprich mich nicht weiter an, ich gehe schon.

PHILOKTET

Sohn des Achilleus! Hast auch du nicht mehr
Ein einzig Wort für mich? *So* gehst du fort?

ODYSSEUS

Komm, sieh nicht hin, bezwing dein edles Herz.
Damit du uns nicht den Erfolg verdirbst!

PHILOKTET

Und auch ihr, Freunde, wollt mich hier allein
Im Elend lassen? Rührt mein Los euch nicht?

CHOR

Der Jüngling ist der Führer unsres Schiffs,
Was er dir sagt, ist auch für uns gesprochen.

NEOPTOLEMOS

Ein weiches Herz wird mich Odysseus schelten —
Bleibt dennoch hier bei ihm, wenn er es wünscht,
Bis unsre Leute alles für die Fahrt
Gerüstet haben und bis die Gebete
Verrichtet sind. Vielleicht kommt ihm indessen
Noch bessre Einsicht. Wir zwei brechen auf,
Sobald wir rufen, folgt uns schleunig nach.
(Odysseus und Neoptolemos ab.)

PHILOKTET

O Felsengewölb, mein Höhlengemach,
Heißes und eisigkaltes du,
Niemals also scheidet von dir
Der Unglücksmann,
O armselige Lagerstatt,
Ganz meines Jammers voll,
Wirst mich auch sterben sehn.
Wehe, wie find ich fürder des Tages Notdurft?
Wie kann ich Armer noch hoffen
Auf Nahrung? Woher?
Gellenden Schreis vom Äther herab
Werden die feigen Vögel mich jagen.
Ich bin ja wehrlos.

CHOR

Du selber, Schwergeschlagener, hast es gewollt,
Kein anderer, Stärkerer, zwang dich ins Unglück.
Als weisere Wahl noch frei dir stand,
Zogst du dem Heilsamen vor
Des Unheils Dämon.

PHILOKTET

Wehe mir, wie erbärmlich
Ward ich von Not geschändet!
Muß fortan ohne Genossen
Wieder hausen im Elend
Und hier verderben.
Weh, wehe!
Keine Speise gewinn ich mehr,
Keinen Pfeil entsendet mehr
Die Kraft meiner Hände.
Hinterhältiges Wort
Schlich mir tückisch ins Herz.
Sähe ich ihn, der solches ersann,
Schmachten die gleiche Zeit
In meinen Qualen!

CHOR

Schickung war's,
Götterschickung, nicht Tücke

Zwang dich in unsre Hand.
Richte den grausigen Unheilsfluch auf andre!
Siehe, ich meine es herzlich;
Stoße die Liebe nicht von dir!

PHILOKTET

Weh! Am Meeresufer dort sitzt er,
Lacht über mich, schwingt in der Hand
Meinen Ernährer in Not,
Den keiner berührte!
O mein treuer Bogen,
Meinen Händen entrungen,
Wenn du fühlen kannst,
Sicher schaust du jetzt traurig,
Daß du künftig nicht mehr
Dienst dem Freunde des Herakles.
Dafür tauschst du den andern ein,
Lenkt dich der Ränkeschmied,
Siehst den verhaßten Feind,
Der mit schnödem Trug
Mir Verderben erdachte wie keiner
Und Schmach ohn' Ende.

CHOR

Wahres Wort ziemt dem Manne.
Hämischer Zunge Kränkung
Auszustoßen ziemt ihm nicht.
Von vielen erlesen erfüllte der Eine
Des Heeres Auftrag
Zum Heil der Freunde.

PHILOKTET

Auf, ihr Geflügelten, einst meine Jagd,
Und dieser Berge Völker,
Funkeläugiges Raubwild, auf,
Kommt nur heran!
Was flieht ihr vor meinem Felsenhaus?
Nicht mehr hält meine Hand
Die Macht der Pfeile.
Wehe! Wie elend bin ich jetzt!
Ein Verlorener wacht hier,

Brauchet ihn nicht mehr zu fürchten.
Kommt, die Stunde ist günstig!
Rächet euch, sättigt den Schlund nach Gelüsten euch
An meinem blutigen Fleisch!
Bald bin ich tot,
Wovon soll ich leben?
Wer nährt von Luft sich,
Der nichts mehr gewinnt von allem,
Was die lebendige Erde spendet?

CHOR

Ehre die Götter,
Höre den Gastfreund,
Er meint es gut.
Komme zu ihm,
Er kommt zu dir.
Denk, o bedenk es:
Wolle nur und du bist ledig der Qual!
Aber unmöglich erträgst du
Zu all deinem Leiden
Neue tausendfältige Drangsal.

PHILOKTET

Wieder weckst du, wieder den alten Groll,
Bester von allen, die jemals kamen!
Was tust du mir an! Warum tötest du mich?

CHOR

Was tat ich denn?

PHILOKTET

Daß du nach Troia mich, dem abscheulichen,
Wolltest locken!

CHOR

Ja, weil ich weiß, es ist dein Heil.

PHILOKTET

Laßt mich allein nun!

CHOR

Willkommenes Wort, ich tu's mit Freuden,
Kommt, wir gehen, gehen zum Schiff
Auf unsere Posten!

PHILOKTET

Gehet nicht!
Beim Zeus des Fluches, ich fleh' euch an!

CHOR

Mäßige dich!

PHILOKTET

Bei den Göttern,
Ihr Freunde, bleibt!

CHOR

Was rufst du?

PHILOKTET

O Dämon, Dämon! Ich bin verloren!
Mein Fuß, mein Fuß!
Wie soll ich weiterleben mit dir?
Fremdlinge, kommt, kehret zurück!

CHOR

Was sollen wir tun? Du zeigtest dich eben
Noch anderen Sinnes —

PHILOKTET

O zürnet mir nicht,
Wenn ich im Sturm der rasenden Pein
Widersinniges sage!

CHOR

Komm denn,
Ärmster, wir bitten dich.

PHILOKTET

Nie und nimmer!
Unerbittlich sag ich dir das.
Und träfe der feurigen Blitze Schleuderer
Selber mich mit seinem Wetterstrahl.
Fluch über Troia und alle dort drüben,
Die den Gelähmten grausam verstoßen!
Fremdlinge, einen Wunsch nur gewähret mir!

CHOR

Sage, was willst du?

PHILOKTET

Reicht, was ihr habt,
Schwert oder Axt mir oder Geschoß!

CHOR

Und welchen Anschlag hast du im Sinn?

PHILOKTET

Will Kopf und Glieder, alles mir abhaun,
Mich morden, morden will ich!

CHOR

Warum nur?

PHILOKTET

Zum Vater treibt's mich.

CHOR

Wo weilt er?

PHILOKTET

Im Hades,
Er wohnt ja nimmer im Licht.
O Heimat, könnt' ich dich wiedersehn!
Deine heiligen Wasser verließ ich Unseliger,
Den verhaßten Achaiern zu helfen,
Nun bin ich nichts mehr.

(Er geht in die Höhle.)

CHOR

Ich wäre längst beim Schiff und weg von dir,
Säh' ich Odysseus nicht und meinen Herrn
Uns nahn — sie lenken hierher ihren Schritt.

(Neoptolemos mit dem Bogen, hinter ihm Odysseus.)

ODYSSEUS

Du sagst mir nicht, warum du abermals
In solcher Eile drängst an diesen Platz?

NEOPTOLEMOS

Was ich vorhin verschuldet, gutzumachen.

ODYSSEUS

Du redest seltsam — was für eine Schuld?

NEOPTOLEMOS

Daß ich dem ganzen Heer und dir zuliebe —

ODYSSEUS

Was tatest, das sich nicht für dich gebührte?

NEOPTOLEMOS

Mit schnödem Trug umgarnte diesen Mann —

ODYSSEUS

Ha, welchen? Etwas Schlimmes planest du!

NEOPTOLEMOS

Nichts Schlimmes, ich will nur dem Philoktet —

ODYSSEUS

Was hast du vor? Ich ahne schon etwas!

NEOPTOLEMOS

Den Bogen hier, den ich ihm nahm, will ich —

ODYSSEUS

Beim Zeus! Doch nicht dem Manne wiedergeben?

NEOPTOLEMOS

Da ich ihn ohne Ehr' und Recht gewann.

ODYSSEUS

Ha, bei den Göttern, sagst du das zum Hohn?

NEOPTOLEMOS

Wenn du die Wahrheit sagen höhnen heißt.

ODYSSEUS

Sohn des Achilleus, was hast du gesagt?

NEOPTOLEMOS

Soll ich dir's zwei- und dreimal wiederholen?

ODYSSEUS

Hätt' ich es nie, kein einzig Mal, gehört!

NEOPTOLEMOS

Verlaß dich drauf, mehr hab ich nicht zu sagen.

ODYSSEUS

Noch, noch ist einer, der dich hindern wird!

NEOPTOLEMOS

Wer soll mir's wehren? Nenne mir ihn doch!

ODYSSEUS

Das ganze Griechenheer, darunter ich.

NEOPTOLEMOS

So klug du bist, das war kein kluges Wort.

ODYSSEUS

Du aber sprichst so unklug wie du handelst.

NEOPTOLEMOS

Ist es gerecht, so ist es mehr als klug.

ODYSSEUS

Wieso gerecht, gibst du das wieder preis,
Was du gewannst durch meinen Rat?

NEOPTOLEMOS

Ich will
Gutmachen meine Schuld und meine Schande.

ODYSSEUS

Und scheust dabei das Heer der Griechen nicht?

NEOPTOLEMOS

Tu ich das Rechte, schreckt mich nicht dein Drohen,
Glaub mir, auch deine Faust stimmt mich nicht um.

ODYSSEUS

So gilt jetzt dir, nicht Troia unser Kampf!

NEOPTOLEMOS

Komme, was mag!

ODYSSEUS

Siehst du, wie meine Rechte
Das Schwert ergreift?

NEOPTOLEMOS

Nun, auch die meinige
Siehst unverzüglich du dasselbe tun.

ODYSSEUS

Vielmehr — ich laß dich, doch dem ganzen Heer
Werd ich's verkünden, und die Strafe folgt.

(Er tritt beiseite.)

NEOPTOLEMOS

Das war vernünftig. Bleibst du's weiterhin,
Ersparst du jedenfalls dir manchen Schmerz.

(Ruft.)

Du hör' mich, Sohn des Poias, Philoktet,
Verlaß dein Felsgemach und komm heraus!

(Philoktet erscheint.)

PHILOKTET

Wer lärmt und schreit schon wieder vor der Höhle?
Was ruft ihr mich heraus? Was wollt ihr Fremden?
O weh, ein Unheil naht! Seid ihr gekommen,
Zum Leiden neues Leiden mir zu bringen?

NEOPTOLEMOS

Sei unbesorgt! Hör, was ich kam zu sagen.

PHILOKTET

Ich traue nicht. Vorher bekam's mir schlecht,
Daß ich auf deine schönen Worte hörte.

NEOPTOLEMOS

Und gibt es kein Bereun?

PHILOKTET

So war dein Wort
Auch, als du mir den Bogen stahlst, treuherzig,
Und innen voller Trug —

NEOPTOLEMOS

Jetzt wahrlich nicht!
Ich will nur von dir hören, ob du dich
Entschlossen hast, hier auszuharren oder
Mit uns zu fahren —

PHILOKTET

Spare deine Worte!
Umsonst gesagt ist alles, was du sagst.

NEOPTOLEMOS

Du bist entschlossen?

PHILOKTET

Fester, als ich sagen kann.

NEOPTOLEMOS

Wie gerne wollte ich, du folgtest mir!
Doch wenn mein Reden gar nichts fruchten mag,
Bin ich am Ende.

PHILOKTET

All dein Reden ist
Umsonst. Niemals wirst du mich freundlich stimmen:
Erst hast du hinterlistig mir den Bogen
Geraubt, nun kommst du noch mit weisem Rat,
Du ehrvergessner Sohn des besten Vaters —
Fluch euch! Am meisten den Atriden, dann
Odysseus und auch dir —

NEOPTOLEMOS

Fluche nicht weiter!
Nimm diesen Bogen hier aus meiner Hand.

PHILOKTET

Wie war das? Werd' ich abermals betrogen?

NEOPTOLEMOS

Nein! Bei der heiligen Macht des höchsten Zeus!

PHILOKTET

O Freudenwort, wenn du die Wahrheit sprichst!

NEOPTOLEMOS

Die Tat wird es beweisen: Deine Rechte
Streck' aus und werde deiner Waffe Herr!

(Odysseus springt hervor.)

ODYSSEUS

Ich sage nein — ihr Götter zeuget mir —
Für die Atriden und das ganze Heer!

PHILOKTET

Kind, welche Stimme habe ich gehört!
Odysseus? *(Er hat den Bogen ergriffen.)*

ODYSSEUS

Allerdings, hier siehst du ihn,
Der mit Gewalt dich bringt ins Troerfeld,
Achilleus' Sohn erlaub' es oder nicht!

PHILOKTET

Dir nicht zur Freude, wenn mein Bogen trifft.
(Er legt an. Neoptolemos hält ihn.)

NEOPTOLEMOS

Nein, bei den Göttern! Laß den Pfeil nicht los!

PHILOKTET

Laß meine Hand los, Liebster! Bei den Göttern!

NEOPTOLEMOS

Ich laß sie nicht!

PHILOKTET

Ha, warum raubst du mir
Den Todesschuß auf den verhaßten Feind!

NEOPTOLEMOS

Das brächte keine Ehre dir noch mir.

PHILOKTET

Eins aber merke dir: Die Griechenführer,
Die Lügenboten, sind mit Worten kühn,
Doch feig im Lanzenkampf.

NEOPTOLEMOS

Sei's wie es sei —
Du hast den Bogen nun, nichts gibt es mehr,
Daß du mir zürnen und mich tadeln darfst.

PHILOKTET

Ja, das ist wahr. Du hast gezeigt, mein Kind,
Von welcher Art du stammst: Nicht Sisyphos,
Achilleus zeugte dich, der einst im Leben
Der Beste hieß und nun im Totenreich.

NEOPTOLEMOS

Ich freu mich, daß du meinen Vater rühmst
Und mich. Doch höre nun, was ich von dir
Erreichen will. Der Götter Schickung muß
Der Mensch ertragen, aber wer wie du
Freiwillig treu bleibt seiner Not, verdient
Nicht Nachsicht und nicht Mitgefühl. Du bist
Verbittert, weisest jeden Rat zurück.
Wer wohlgemeint dich will zur Einsicht bringen,
Den hassest du wie deinen schlimmsten Feind.
Und doch sag' ich — bei Zeus, des Eides Hort,
Verstehe mich und präg' es dir ins Herz:
Durch Götterschluß kam über dich dein Leiden.
Der Schlange, die an Chryses heiligem Hag
Verborgen Wache hält, kamst du zu nah.
Und wisse: Nimmer wirst du Ruhe finden
Von deines Leidens Qual, solang die Sonne
Dort sich emporhebt und dort niedersinkt,
Bis du nach Troia gehst mit freiem Willen.
Die Söhne des Asklepios triffst du dort,
Wirst frei von deinem Leiden und zerstörst
Mit mir und deinen Pfeilen Pergama.
Und daß dies wahrlich kommt, beweis' ich dir:
Der Seherfürst aus Ilion ward von uns
Gefangen, Helenos, der klar verkündet,
Daß dies geschehen werde, ja noch mehr:
In diesem Sommer noch muß Troia fallen!
Und sterben will er, wenn sein Wahrspruch lügt.
Nun folge willig, da du alles weißt!
Herrlich ist dein Gewinn: Der Ersterkorne
Der Griechen wirst du heißen! Heilung finden!
Des ganzen Jammers Quelle, Ilion,
Erobern und den höchsten Ruhm erringen!

PHILOKTET

Verhaßtes Leben! Warum hältst du mich
Hier oben fest und läßt mich nicht hinab
Zum Hades? Weh, was tu' ich? Darf ich ihm
Mißtrauen, der so treuen Sinns mir rät?
Füg' ich mich also? Darf ich Armer noch
Vor Menschen treten? Und wen red' ich an?

Ihr Augen, alles saht ihr, was ich litt,
Wie könnt ihr mich zusammen mit den Söhnen
Des Atreus sehn, die mich vernichteten,
Und mit dem ganz Verworfnen, mit Odysseus!

Nicht die vergangnen Leiden quälen mich,
Ich ahne nur, was ich von jenen noch
Muß dulden. Wem das Herz einmal das Böse
Gebar, den lehrt es neue böse Tat.
Und das verstehe ich auch nicht an dir:
Du solltest selber nicht nach Troia gehn
Und mir es wehren, wo sie dich verhöhnten,
Der Waffen deines Vaters dich beraubten!
Da kannst du noch ihr Kampfgenosse sein
Und mich dazu verleiten? Nein, mein Kind!
Bring' mich zur Heimat, wie du mir geschworen,
Und bleibe selbst in Skyros und laß jene
In Schande untergehn, die Schändlichen!
Dann erntest du zweifachen Dank, von mir
Und meinem Vater. Und du giltst nicht mehr
Für schlechtgeartet, weil du Schlechten halfst.

NEOPTOLEMOS

Du darfst so reden — und doch bitt' ich dich,
Vertrau' dem Götterspruch und meinem Wort!
Ich bin dein Freund. Fahr' mit mir weg von hier!

PHILOKTET

Ins Feld von Ilion, zu meinem Todfeind,
Dem Atreussohn, mit meinem Unheilsfuß!

NEOPTOLEMOS

Vielmehr zu ihnen, die dein Leiden stillen
Und deine Eiterwunde heilen werden.

PHILOKTET

Dein Rat ist furchtbar! Weißt du, was du sprichst?

NEOPTOLEMOS

Was dir und mir aufs schönste sich erfüllt.

PHILOKTET

Das sagst du? Schäme vor den Göttern dich!

NEOPTOLEMOS

Soll ich mich schämen, weil es heilsam ist?

PHILOKTET

Heilsam — für die Atriden oder mich?

NEOPTOLEMOS

Da ich dein Freund bin, sprech' ich wohl für dich.

PHILOKTET

Du, der mich meinem Feind verraten will?

NEOPTOLEMOS

Mein Lieber, lern' in Not vom Trotz zu lassen.

PHILOKTET

Du willst mein Unglück, das beweist dein Wort.

NEOPTOLEMOS

Ach nein, du aber willst mich nicht verstehn!

PHILOKTET

Ist's wahr, daß die Atriden mich verbannten?

NEOPTOLEMOS

Hör' doch: Die dich verstießen, retten dich!

PHILOKTET

Ich will und werde niemals Troia sehn.

NEOPTOLEMOS

Was soll ich nur beginnen, wenn dich nichts,
Was ich dir sage, überzeugen kann?
Am leicht'sten ist, ich geb' es auf, und du
Lebst hier dein Leben weiter, ungeheilt.

PHILOKTET

Ja, laß mich dulden, was ich dulden muß,
Doch was du mir gelobtest in die Hand,
Das halte, Kind. Geleit' mich ohne Säumen
Zur Heimat. Rede nicht von Troia mehr!
Ich hab' genug geklagt um seinetwillen.

NEOPTOLEMOS

Gehn wir denn, wenn du es wünschest.

PHILOKTET

Oh, das war ein gutes Wort!

NEOPTOLEMOS

Stemm' den Fuß nun auf die Erde —

PHILOKTET

Ja, soweit die Kraft mir reicht.

NEOPTOLEMOS

Doch — wie rett' ich vor der Griechen Vorwurf mich?

PHILOKTET

Verachte ihn!

NEOPTOLEMOS

Wenn sie aber meine Heimat mir verwüsten?

PHILOKTET

Bin ich da.

NEOPTOLEMOS

Welche Hilfe willst du bringen?

PHILOKTET

Das Geschoß des Herakles ...

NEOPTOLEMOS

Was gedenkst du?

PHILOKTET

Das verjagt sie!

NEOPTOLEMOS

Sag' dem Land nun Lebewohl!

(Herakles erscheint auf einer Wolke.)

HERAKLES

Nicht eher, als du mein Wort vernahmst,
O Poias' Sohn!
Des Herakles Stimme ist's, die du hörst,
Und seine Gestalt ist's, die du schaust.

Ich komme herab aus Liebe zu dir
Von den himmlischen Höhn, den Schluß des Zeus
Dir kundzutun und zu hemmen den Weg,
Den du willst gehn.
Du aber gehorch meinem Worte!

Erst laß dich mahnen an mein eigenes Geschick:
Durch wieviel Kampf und Mühsal rang ich mich hindurch,
Bis die Unsterblichkeit mir ward, die du nun schaust.
Ein gleiches Los ist dir beschieden, glaube mir,
Aus deinem Leid wächst dir ein Leben voller Ruhm.
Wenn du mit diesem Jüngling kamst zur Troerstadt,
Wirst du vor allem deiner Wunde Jammer los.
Alsdann wirst du den Schuldigen an diesem Krieg,
Paris, mit meinem Bogen töten, Ilion
Erobern und geehrt vor allen Helden sein.
Den Siegespreis, den das Achaierheer dir schenkt,
Schickst du dem Vater Poias heim ins Ötaland,
Doch was du aus der Kriegesbeute dir erwirbst,
Das bringe zu der Stätte meines Flammentods,
Als Dank für meinen Bogen.
Dir, Achilleus' Sohn,
Gilt diese Mahnung: Du vermagst nicht ohne ihn
Die Troiaburg zu brechen, er nicht ohne dich.
Drum wie ein weidend Löwenpaar bewachet euch,
Er dich, du ihn. Ich sende den Asklepios
Ins Feld von Troia, daß er deine Wunde heilt.
Zum zweiten Mal muß meinem Bogen jetzt die Stadt
Erliegen. Aber ihr, wenn ihr das Land verheert,
Vergeßt die Ehrfurcht vor den ewigen Göttern nicht!
Denn alles andre achtet minder Vater Zeus
Als sie. Nicht mit den Menschen stirbt die Frömmigkeit,
Die Menschen leben und vergehen, sie stirbt nicht.

PHILOKTET

O ersehnte Gestalt! O Stimme, wie lang
Entbehrte ich dich!
Dein Gebot will ich freudig erfüllen.

NEOPTOLEMOS

Und ich bin nicht anders gesonnen als er.

HERAKLES

So säumt nicht länger und schreitet zur Tat!
Vom Heck des Schiffes weht günstiger Wind:
Die Stunde der Fahrt ist gekommen. *(Er verschwindet.)*

PHILOKTET

Wohlan, so grüße ich scheidend das Land.
Du Höhle, leb wohl, mein treuer Genoß,
Ihr Nymphen der Au am rauschenden Quell,
Du hart an die Klippen brandendes Meer —
Oft saß ich dort im Winkel geduckt,
Mein Haar durchnäßt von den Böen des Süd,
Und oftmals sandte der Hermesberg,
Wenn der Schmerz mich durchraste, den Widerhall
Meines Jammers zurück!
Ihr Bergeshöhn und du, Lykischer Quell,
Ich scheide von euch
Und wagte es nimmer zu hoffen.
Lemnos, du meerumflutetes Land,
Leb wohl! Entlasse mich ohne Groll
Auf glückliche Fahrt,
Wo Moira mich hin, die mächtige, führt
Und der Freunde Rat und die Allgewalt
Des Gottes, der solches vollendet.

CHOR

So lasset uns ziehn in vereinigter Schar,
Doch betet zuvor zu den Nymphen des Meers,
Auf der Fahrt uns gnädig zu schützen.

NACHWORT

Als Herakles auf dem Öta durch den Flammentod Erlösung suchte von unerträglichen Qualen, war es sein treuer Waffengefährte Philoktet, der ihm die letzte Liebe erwies und den Scheiterhaufen entzündete. Zum Dank erhielt er den nie fehlenden Bogen, mit dem er sich als Führer von sieben Schiffen dem Heereszug Agamemnons gegen Troia anschloß. Unterwegs widerfuhr ihm das Unglück, daß er ahnungslos den heiligen Hain einer Nymphe betrat und von einer giftigen Schlange, der Wächterin des Heiligtums, in den Fuß gebissen wurde. So fürchterlich waren die Schmerzen der unaufhörlich eiternden Wunde, daß sogar die Opferhandlungen des Griechenheeres durch seine Klagen gestört wurden. Auf Befehl der beiden Heerführer setzte Odysseus den Unglücklichen am Strande von Lemnos aus; nur Bogen und Pfeile ließ man ihm, sein Geschwader fuhr mit nach Troia. Zehn Jahre lang erduldete Philoktet auf unbewohnter Insel die Qual der Schmerzen, der Not, der Einsamkeit. Aber die Gottheit, die ihn so erbarmungslos heimsuchte und erniedrigte, vermag ihn auch zu erlösen und zu erhöhn.

Das unbegreifliche Schicksal Philoktets hatten schon Aischylos und Euripides dramatisch behandelt. Beide Werke sind untergegangen, aber wir wissen von ihnen genug, um sagen zu können: Der 85jährige Sophokles hat seine Vorgänger weit überboten. In unerhört frischer Kraft der Erfindung und Gestaltung wandelte er die Sage nach seinem Dichterwillen. Er schuf den dramatisch so fruchtbaren Gegensatz Odysseus—Neoptolemos, die ewig notwendige Auseinandersetzung zwischen dem Idealisten und dem Realpolitiker. Er schuf mit wahrer Schöpferfreude am schönen Menschentum diese edle Jünglingsgestalt, die das ganze Werk durchleuchtet. Mag Neoptolemos nach heftigem Widerstreben von der überlegenen Klugheit des Odysseus verführt werden und „um der großen Sache willen“ sich der Lüge bedienen und das

Vertrauen des Philoktet hintergehn: Eben dies unverdiente große Vertrauen und die schrecklichen Leiden, die er miterlebt, erwecken in ihm die Kraft des Erbarmens, der Scham und der Selbstbefreiung. In ergreifendem Seelenkampf findet er zu seinem reinen Wesen zurück und reift vom verlässigen „Gehilfen“ zum innerlich freien Ritter, dessen edelste Kraft mitleidende Liebe ist. All das gehört dem greisen Dichter allein. Nicht minder aber der hohe Gedanke, daß der von allen schuldlos Verstoßene auf öder, unbewohnter Insel — bei Aischylos und Euripides war sie bewohnt — so viele Jahre in härtestem Daseinskampf sein Heldentum bewähren muß, ehe ihm die Sonne göttlicher Berufung aufgeht.

Mehr als sonst nimmt hier die elementare Natur, die Meeresbrandung, die Felsenhöhle — geradezu eine Hauptperson —, der Vulkan, aber auch die Tierwelt am tragischen Geschehen teil. Schon die Bühne bot ein seltsam-großartiges Bild: Eine schroffe Felswand mit Ausblick aufs Meer, oben zwei dunkle Pforten, durch die aus- und eingegangen wird, zu denen man hinaufsteigt, von wo man herunterkommt. Durch seine Vereinsamung ist Philoktet mit der Natur verwachsen. Nur sie ermöglicht ihm die Zwiesprache, ohne die ein Hellene nicht leben kann.

Die unverhüllte Darstellung körperlichen Leidens brauchen wir nicht auf Euripides zurückzuführen. Wer einen „Philoktet“ dichtete, konnte der Wahrheit nicht ausweichen, daß neben dem Leid das Leiden zum Ganzen des Lebens gehört.

Wilhelm Kuchenmüller

Griechische Literatur

IN RECLAMS UNIVERSAL-BIBLIOTHEK

Prosa

Antike Heilkunst. Ausgewählte Texte aus den medizinischen Schriften der Griechen und Römer. 250 S. UB 9305

Aristoteles, *Der Staat der Athener.* 128 S. UB 3010

Demosthenes, *Politische Reden.* Zweispr. 307 S. UB 957

Die griechische Literatur in Text und Darstellung. Zweispr. Bd. 1: *Archaische Periode.* 616 S. UB 8061 – Bd. 2: *Klassische Periode I.* 412 S. UB 8062 – Bd. 3: *Klassische Periode II.* 438 S. UB 8063 – Bd. 4: *Hellenismus.* 368 S. UB 8064 – Bd. 5: *Kaiserzeit.* 406 S. UB 8065

Herodot, *Die Bücher der Geschichte.* 1.–4. Buch. Auswahl. 128 S. UB 2200 – 5.–6. Buch. Auswahl. 87 S. UB 2204 – 7.–9. Buch. Auswahl. 128 S. UB 2206

Hippokrates, *Ausgewählte Schriften.* 357 S. UB 9319

Julian Apostata, *Der Barthasser.* 88 S. UB 9767

Longinus, *Vom Erhabenen.* Zweispr. 157 S. UB 8469

Longos, *Daphnis und Chloe.* 176 S. UB 6911

Lukian, *Gespräche der Götter und Meergötter, der Toten und der Hetären.* 256 S. UB 1133

Lysias, *Drei ausgewählte Reden.* Zweispr. 109 S. UB 5597

Physiologus. Zweispr. 165 S. UB 18124

Plutarch, *Alexander. Caesar.* 224 S. UB 2495 – *Moralphilosophische Schriften.* 256 S. UB 2976

Polybios, *Historien.* 134 S. UB 6210

Theophrast, *Charaktere.* Zweispr. 104 S. UB 619

Thukydides, *Der Peloponnesische Krieg.* 867 S. UB 1808

Xenophon, *Des Kyros Anabasis. Der Zug der Zehntausend.* 285 S. UB 1184 – *Erinnerungen an Sokrates.* 175 S. UB 1855 – *Das Gastmahl.* Zweispr. 127 S. UB 2056

Griechische Literatur

IN RECLAMS UNIVERSAL-BIBLIOTHEK

Theater und Epos

Aischylos, *Der gefesselte Prometheus. Die Schutzsuchenden.* Tragödien. 152 S. UB 988 – *Die Orestie: Agamemnon. Die Totenspende. Die Eumeniden.* Tragödien. 165 S. UB 508 – *Die Perser. Sieben gegen Theben.* Tragödien. 103 S. UB 510

Aristophanes, *Der Frieden (Eirene).* Komödie. 96 S. UB 8521 – *Die Frösche.* Komödie. 139 S. UB 1154 – *Lysistrate.* Komödie. 79 S. UB 6890 – *Die Vögel.* Komödie. 112 S. UB 1379 – *Die Wolken.* Komödie. 142 S. UB 6498

Euripides, *Alkestis.* Tragödie. Zweispr. 176 S. UB 1337 – *Die Bakchen.* Tragödie. 78 S. UB 940 – *Iphigenie bei den Taurern.* Tragödie. 80 S. UB 737 – *Iphigenie in Aulis.* Tragödie. 64 S. UB 7099 – *Medea.* Tragödie. 64 S. UB 849 – *Medea.* Tragödie. Zweispr. 175 S. UB 7978 – *Die Troerinnen.* Tragödie. Zweispr. 208 S. UB 8424

Fünfzig griechische Gedichte. 111 S. UB 18109

Hesiod, *Werke und Tage.* Zweispr. 119 S. UB 9445 – *Theogonie.* Zweispr. 165 S. UB 9763

Homer, *Ilias.* 624 S. UB 249 – *Odyssee.* 454 S. UB 280

Sophokles, *Aias.* Tragödie. Zweispr. 173 S. UB 677 – *Antigone.* Tragödie. 64 S. UB 659 – dazu Erläuterungen und Dokumente. 86 S. UB 8195 – *Antigone.* Tragödie. Zweispr. 144 S. UB 7682 – *Elektra.* Tragödie. 80 S. UB 711 – *König Ödipus.* Tragödie. 80 S. UB 630 – *Ödipus auf Kolonos.* Tragödie. 135 S. UB 641 – *Philoktet.* Tragödie. 61 S. UB 709 – *Die Trachinierinnen (Die Heimkehr des Herakles).* Tragödie. 79 S. UB 670

Gustav Adolf Seeck, *Die griechische Tragödie.* Eine Einführung. 272 S. UB 17621

Philipp Reclam jun. Stuttgart